FLORECIENDO SIN RAÍCES

El cáncer desde una perspectiva <u>millennial</u>

MELISSA BATRES

Le dedico este libro a mis padres,
Luis Batres e Iris Correoso, mis héroes,
quienes me inspiran día a día.

Gracias a todas las personas que me apoyaron e inspiraron durante este capítulo de mi vida.

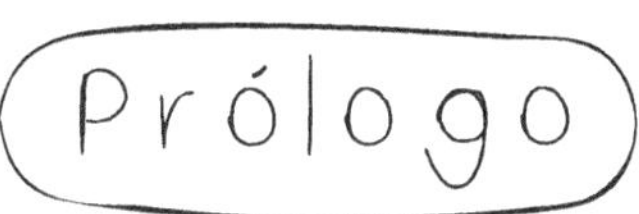

Cuando experimentamos momentos de gran adversidad, donde parece que se desmorona el suelo bajo nuestros pies, puede parecer que es mejor dejar de perseguir nuestros sueños y metas. Siempre están los que se desmoronan junto con el suelo, se pierden en la tormenta y no logran ver el sol a la distancia queriendo relucir entre el cielo plomizo. Este definitivamente no fue el caso de Melissa, diagnosticada con cáncer a una edad en la que la vida se siente como un derecho y no algo por lo que estar agradecido. Poco sabía Melissa que era el cáncer lo que la llevaría a una vida que nunca había considerado, una vida plena llena de estrellas, grandes fragmentos de cometas.

Es difícil decidir por donde comenzar, ya que hay tanto que podría contar y decir sobre Melissa.

Melissa es una de las personas que más admiro entre las personas que me rodean. Es impresionante su habilidad de siempre estar con una sonrisa, siempre estar dispuesta a ayudar, siempre estar ahí para los demás cuando más lo necesitas. Todo esto lo hace a pesar de situaciones complicadas, donde la vida te agarra de sorpresa y toma un significado completamente nuevo.

Es admirable lo enorme que es su corazón, lo larga que es su sonrisa, lo impresionante que es su inteligencia, lo interminable que es su pasión, y lo infinita que es su resiliencia.

Digo que su corazón es enorme ya que genuinamente no he conocido una persona que se entregue tanto a sus amigos, familia, *coworkers*, conocidos, o incluso extraños con los que se pueda topar. Es de las pocas personas que sin esperar nada a cambio te entrega su amistad incondicional, que te escucha tan atentamente para poder darte ese consejo o empuje que tanto necesitas, y que aparte estará contigo cuando solo quieras alguien con quien reír o llorar a pesar de que este viviendo la peor experiencia de su vida.

Digo que su sonrisa es larga ya que podría contar con los dedos de las manos
— bueno y quizás también de los pies — las veces que no la he visto sonreír. Tiene que estarse aca-bando el mundo para que ella te demuestre que no está con una buena actitud —son raras las veces que ella permite reflejar eso ante los demás.

Digo que me impresiona su inteligencia y su pasión ya que desde que la conozco hace unos 15 años la he visto brillar en todo lo que hace. Es raro encontrar personas que sean buenas en todo lo que hacen, que persistan y se adapten a cualquier reto.

Digo que su resiliencia es infinita ya que, como muchos, Melissa no tuvo la vida perfecta. Al contrario, creo que ha pasado por una cantidad enorme de problemas espinosos, pero plasmada en estas páginas ustedes encontrarán una persona que frente a la adversidad se empodera y nos demuestra que la palabra guerrera se le queda muy corta.

Melissa no decidió quedarse en su casa que-jándose por las circunstancias injustas — o como queramos llamarlas — que le lanzó la vida. Decidió afrontar este nuevo desafío con su corazón, sonri-sa, inteligencia, pasión, y resiliencia. Nos regala con este libro un pequeño vistazo de la batalla más grande de su vida con el objetivo de ayudar a quie-nes lo necesiten.

Se que esta no será su última lucha, sé que este libro — y esta etapa — será tan solo un capítu-lo de la increíble historia de Melissa que aún queda por escribir. He aprendido y sé que seguiré apren-diendo como afrontar la vida de la mejor manera gracias a Melissa. Este libro es tu oportunidad a aprender a florecer cuando la vida te corta de raíz.

Keep shining,
Divesh

Índice

Introducción

Los días posteriores a mi diagnóstico se sintieron como una pesadilla retorcida y oscura. La mejor manera de describir mi estado mental en ese momento era como intentar desenredar un collar mal parado en tu organizador de joyería. ¿Alguna vez te has encontrado intentando desenredar un collar? Sentí como si me pidieran que desenredara el preciado collar de mi abuela, aquel que contiene una cruz en oro blanco con su fecha de nacimiento grabado en la parte de atrás. La tarea se sentía personal, invasiva y, sin embargo, tan extraña, como si estuviera destinada a otra persona. Si hay algo de lo que estoy segura, es que esta tarea estaba muy por encima de mi nivel. Este collar estaba plagado de enfermedades con nudos finamente atados a lo largo de él, un mechón de cabello atrapado en uno de los enredos, y ninguna señal del comienzo o del final a la vista.

Miré este desastre de metal precioso, estaba arrugado ante mí, en mis manos, y pensé, *«fuck»*, este es el collar más enredado visto en mi vida. Nadie quiere pasar su tiempo desenredando desesperadamente un collar. La mente, en situaciones como estas, se ve obligada a buscar formas distintas y creativas para sobrellevar la situación.

Mi manera de hacerlo fue a través del humor negro y de esperar lo peor para no salir decepcionada.

Si bien este humor, ciertamente, trajo algunas bromas, fue una forma tóxica de hacerle frente a mi situación. Invadió mi inocencia y contaminó una luz que había brillado tan intensamente durante los veintinueve años que he estado en esta tierra. Esa luz de esperanza y de oportunidades infinitas. A veces, la línea entre el humor y el dolor se perdía en el horizonte. Es difícil entender cómo el humor, algo tan alegre, podía confundirse con el miedo y el dolor. Todo fue un poco confuso.

«Man, eres demasiado fuerte», «no tengo idea có-mo lo haces, yo no pudiera si fuese tú», «eres una guerrera», todas estas frases se convirtieron en el centro de mis bromas. En los primeros días, cuando todos estaban asimilando la noticia tanto como yo, parecía que todo lo que la gente sabía decirme era: *«Eres muy fuerte»*. Parecía que no existían otras palabras. Con mi espíritu cínico en alto y muy vivo, listo para relucir, comencé a burlarme de esas frases. No sabía por qué las odiaba tanto, pero algo en mi interior se revolviera con ira y despecho. El que me conoce sabe que no corría ni a la esquina y de milagro tenía fuerzas para abrir una botella de agua antes de que pasara todo esto y, de repente, todas esas personas me decían que era muy fuerte. Era demasiado irónico que me dijeran que yo era muy fuerte. Sabía que la gente solo intentaba ser empática y amable. De alguna manera, las frases se sentían tan genéricas y cursis, como algo que alguien diría cuando se queda sin palabras. Me sentí como si estuviera sentada allí, recogiendo los pedazos rotos de mi vida destrozada en una canasta demasiado pequeña para colocarlos, y todo lo que todos podían decirme era: *«Eres tan fuerte».*

La razón por la cual me molestaba que me dijeran eso era porque me hacía sentir que YO tenía la opción de ser fuerte y ese no era el caso. Cuando te diagnostican con una enfermedad tan fuerte como el cáncer, no tienes opción de no ser fuerte, no es como que puedes hacerte el loco y omitir que hay células cancerígenas reproduciéndose dentro de tu cuerpo, arrasando con todo lo bueno. Yo no me sentía fuerte, al contrario, me sentía débil y sola, cero lista para enfrentar esta enfermedad. La palabra clave era impotencia, de no poder seguir mi vida normal junto a mis amigos, no tenía más opción que sentarme a desenredar ese collar cuando no tenía ningunas ganas de hacerlo. Cada vez que me decían estas frases me molestaba más y más, porque yo sé que cualquiera en mi posición haría lo mismo que yo estaba haciendo. Decir que alguien es fuerte por algo por lo que está pasando implica que tenemos la opción de soportar ese dolor, miedo o lo que sea. Sugiere que algunos no aguantan. Todos aguantamos. Todos tenemos una capacidad sobrehumana de superar lo inimaginable. Nuestro cuerpo y, sobre todo nuestra mente, tiene la habilidad de adaptarse a las situaciones más fuertes de nuestras vidas. No estoy diciendo que soy débil. Solo quiero decir que no soy más fuerte que nadie.

Mi fuerza se muestra. Cuando nos encontramos con la adversidad, nuestra fuerza se muestra. Cuando aguantamos, nuestra fuerza se muestra. Cuando nos entregan un collar y nos dicen que lo desenredemos, no somos fuertes por el simple hecho de que nos lo entreguen. Mostramos nuestra fuerza en los momentos desordenados, cuando nos detenemos a respirar hondo porque nos hemos convencido de que el nudo está demasiado apretado o enredado. Cuando pensamos que la tarea no es rival para nuestras manos humanas, pero lo intentamos de todos modos. Mostramos fortaleza cuando compartimos con otros cómo lo hicimos y les mostramos que ellos también pueden hacerlo, sin importar cuán deshilachado o qué tan sin esperanza pueda parecer tener su collar.

No somos fuertes porque nos hayan dado un collar enredado. Somos fuertes cuando llevamos ese collar con orgullo; un collar que nunca volverá a ser el mismo que cuando nuestra abuela nos los heredó. La fuerza está en usar un collar que aún puede tener una torcedura, o está un poco gastado, maltratado y empañado por el uso y el desgaste. La fuerza está en seguir encontrando belleza en él. Para mí eso es fuerza.

Mi diagnóstico

La generación Z e incluso los *millennials* como yo, consideramos que las llamadas son innecesarias, consumen mucho tiempo, pero, sobre todo, provocan ansiedad. La mayoría necesitamos armarnos de valor para presionar el botón de respuesta, un valor que se quedó muy corto la tarde del 15 de abril de 2021.

Esa tarde, dos días después de mi biopsia quirúrgica mamaria, recibí una llamada de mi cirujano plástico para decirme que fuera a verlo inmediatamente para hablar de los resultados de la patología y que no podíamos hablar por teléfono de ello, comentario que, como era de esperarse, alimentó mi ansiedad. Por una fracción de segundo no me moví, y en ese instante supe que, a mis veintinueve años, mi vida estaba a punto de cambiar. Lo que no sabía era lo inmenso e inimaginable que sería ese cambio.

A pesar de que ese día marcó un antes y un después en mi vida, no recuerdo mucho de lo que pasó. Recuerdo estar sentada frente a mi cirujano oncólogo del Hospital The Panama Clinic en la ciudad de Panamá con mi mamá a mi derecha, él había revisado mi patología y nos empezó a hablar en lo que para mí parecía el «lenguaje adulto» de la maestra, la señorita Othmar, en el mundo de Charlie Brown:

—Bla, bla, blá… Carcinoma… bla, bla, blá.

Miré al doctor tratando de descifrar lo que decía, pero su *poker face* podía ganar cualquier partida de cartas en Las Vegas.

—¿So… tengo cáncer? —Le pregunté al doctor.

Sí —respondió sin parpadear.

En ese momento, mi mente bloqueó el resto de la conversación, salí del consultorio y empecé a llorar sin ni siquiera entender a fondo por qué estaba llorando, pero parecía ser una reacción lógica bajo esas circunstancias. ¿No?

No tengo ni un solo recuerdo más de esa tarde.

Al día siguiente, mi casa se llenó de flores amarillas, comida que alcanzaría para varios días y rostros familiares que me recibían con abrazos, sonrisas y frases de aliento. El apoyo desbordaba y, hasta el día de hoy, no tengo aún palabras para agradecerles a cada uno de los que me acompañaron ese día. Yo en ese momento ni siquiera entendía lo que estaba viviendo. Quizás estaba en negación o en estado de shock, todas estas personas estaban ahí por y para mí.

Ese momento lo comparo a lo que las personas llaman *«out-of-body experience»* o experiencia fuera del cuerpo. Ese fenómeno se describe como sentir que estás viendo desde afuera lo que está ocurriendo a tu alrededor y no te sientes dentro de tu cuerpo. Mi casa estaba llena de mis seres más queridos, pero jamás me había sentido tan sola como aquel día. Era demasiado pronto para afrontar algo que aún no podía comprender. Necesitaba tiempo, mucho tiempo, sobre todo cuando sabía que el reloj de arena de mi vida estaba por terminar.

«La vida es corta», «YOLO», *«seize the day»*, «no dejas para mañana lo que puedes hacer hoy», *«carpe diem»* –todas estas frases son un llamado a vivir la vida en toda su extensión y aprovecharla al máximo. Las vemos en todos lados, *bumper stickers*, Instagram, Facebook, pero a pesar de que desde pequeños las colocamos ennuestros Tumblr, MSN y en agendas de Pascualina, siempre pensamos que hay tiempo de sobra. Vemos la muerte (La-Que-No-Debe-Ser-Nombrada) como algo lejano, como algo inimaginable, como algo que no nos pasaría… aún.

Junto a estas frases motivacionales recibí infinitos comentarios acerca de poner todo en manos de Dios y que «Dios asigna sus batallas más difíciles a sus mejores guerreros». ¿Guerrera? ¿Yo? No se sentía así. Yo no estaba lista para perder el control de mi vida y mucho menos ponerla en las manos de Dios. Todo eso sonaba a cliché para mí — frases que se dicen solamente en momentos difíciles, cuando no encuentras las palabras correctas para mejorar la situación— .

Yo creo mil por ciento en Dios, eso nunca lo puse en duda, pero debido a todos los cambios que estaba experimentando, necesitaba tomar algo de control sobre una enfermedad que nos quita el control por completo y llega como un tsunami, destruyendo todo sin ninguna advertencia. Era la primera vez en mi vida que la muerte pasaba por mis pensamientos y el miedo a lo desconocido se apoderaba de mí. Hoy en día sin saber qué me depara el destino, siento una paz indescriptible y acepto con todo mi corazón que solo Dios tiene el control de mi vida y de mi destino. Mientras Dios me siga regalando tiempo en esta tierra, serviré como un testimonio de su amor incondicional para todos nosotros. Las batallas realmente nos hacen más fuerte, pero sobre todo están para enseñarnos a nosotros y a quienes nos rodean las lecciones más importantes de la vida. En este roller coaster de emociones Dios siempre estuvo presente, guiándome de la mano para poder atreverme a plasmar mi historia en estas páginas.

No fue hasta un par de citas médicas después y miles de ataques de ansiedad leyendo WebMD en Google que empecé a entender mi diagnóstico. Cáncer de mama en mi seno derecho, triple negativo y etapa 3. WOW, no tenía ni idea del poder de esas palabras. Hasta ese momento mi conocimiento del cáncer era nulo. Nadie en mi familia había pasado por nada remotamente similar. Ni siquiera sabía que dentro de cada cáncer había subgrupos de cáncer. No entendía qué significaba cada etapa ni cada sigla. No entendía por qué esto me estaba pasando a mí. En fin, no sabía nada. Como era de esperarse, entré en un rabbit hole en Google para leer todo lo relacionado con el tipo de cáncer que padecía y toda la información que encontré era que tenía un cáncer raro, agresivo, inusual a mi edad y si era lo suficientemente lucky podía vivir cinco años. Cinco años… let that sink in. De la nada MI vida tenía una fecha de expiración. What?

Cáncer de mama triple negativo es un tipo de

cáncer que no tiene ninguno de los receptores que, por lo general, se encuentran en el cáncer de mama. Para traducirlo al español, pensemos en las células cancerígenas como si fueran una casa. La puerta principal de la casa puede tener tres candados que en el cáncer de mama se llaman receptores. Estos son estrógeno, progesterona y HER2 (Bla, bla y blá). El cáncer que yo presentaba, al ser triple negativo, no tenía ninguno de los tres candados para entrar a la casa. Es decir que los doctores disponían de menos llaves para mi tratamiento y, adicionalmente, es considerado agresivo ya que crece rápido y tiene más probabilidades de regresar. *Sounds fun, right?*

Como era de esperarse, la ansiedad regresó y decidí enfocarme en mi Meb´s Survival *To do List* mental de mi tratamiento, dejando a un lado mis emociones y mis preocupaciones ya que para mí un diagnóstico no es un pronóstico, o por lo menos trataba de repetirme esa frase una y otra vez para no perder la cordura. Lo que seguía, hasta el momento (con énfasis en «hasta el momento»), era una segunda cirugía, dieciséis ciclos de quimioterapia y treinta radioterapias. Conceptos que no comprendía y no sabía cuánto me afectarían físicamente y mucho menos tenía idea de la ola emocional que me venía encima. Esa era mi nueva realidad por los próximos meses. En un momento en el que, finalmente, había logrado por mis propios medios mudarme de casa, sola, a mi apartamento soñado, estaba empezando un trabajo del cual me sentía complemente orgullosa y había-llegado el amor de mi vida, un ángel enviado por Dios justo cuando lo necesitaba. Precisamente en ese momento de mi vida, cuando pensé que estaba en la cima, esta me agarró de sorpresa, me jaló fuertemente por los pies y oficialmente todo cambió... para siempre.

Esta es mi historia y, a pesar de sentir el impulso de rendirme *every single day*, he decidido que vale la pena compartir con el mundo mi experiencia con la esperanza de ayudar a otros *fellow AYAs* a encontrarle un significado a todo este *shitshow*. Con esta historia no solo busco ayudar a personas que estén pasando por mi situación a sobrevivir todo lo que implica la enfermedad, sino también darles las herramientas necesarias para proteger su salud mental y educar y guiar a sus seres queridos que no siempre saben cómo apoyarnos, pero sin una sola duda en mi corazón sé que darían todo por nosotros. Escribir este libro me ha ayudado a descubrirme, cuando pensaba que ya estaba clara de quién era y lo que era importante para mí. Mi diagnóstico fue una dura lección para dejar de gastar mi energía en todo y en todos los demás y realmente conectar con mi interior para tal vez no preguntarme ¿por qué me pasó esto a mí?, sino preguntarme cómo puedo crear nuevas raíces y florecer luchando contra una enfermedad diseñada para ahogar tus plantas... tu vida.

[1]*AYA = Adolescent and Young Adult diagnosed between the ages of fifteen-thirty-nine.*

Desafíos comunes para los AYAs

*"AYA" = Adolescent and Young Adult
diagnosed between the ages of 15-39.

Aislamiento y Soledad:

•AYAs suelen sentirse aislados en sus círculos sociales.

•La vida de todos los demás sigue avanzando y los AYAs se sienten atascados, como si sus vidas se hubieran congelado en el tiempo.

•AYAs también se sienten aislados del mundo del cáncer a veces.

Finanzas:

•La mayoría de los AYAs aún no se han establecido financiera-mente.

•Pueden no tener seguro de salud o la edad suficiente para estar fuera del plan de seguro de sus padres.

•Muchos tienen que regresar con sus padres, lo que genera sentimientos de vergüenza y aumenta el aislamiento.

Muchos AYAs se enfrentan a retrasos en el diagnóstico:

•Sus síntomas pueden pasarse por alto o descartarse por su corta edad.

•Del mismo modo, es posible que no se aborden adecuadamente sus problemas de salud mental durante o después del cáncer.

Efectos secundarios que alteran la vida, infertilidad y más:

•Es posible que la preservación de la fertilidad no se aborde adecuadamente.

•AYAs a menudo no tienen los fondos necesarios para siquiera perseguir la preservación.

Existen muchos más desafíos, demasiado numerosos para nombrarlos.

Está claro que los AYAs necesitan consideraciones y cuidados especiales.

También deben ser un defensor de sí mismos.

JUNTOS, podemos crear conciencia y crear cambios para los AYAs actuales y del futuro.

Constelaciones

«El mayor peligro de todos, perderse a sí mismo, puede ocurrir muy silenciosamente en el mundo, como si no fuera nada en absoluto. Ninguna otra pérdida puede ocurrir tan silenciosamente; cualquier otra pérdida — un brazo, una pierna, cinco dólares, una esposa, etc.— seguramente se notará».

Søren Kierkegaard

Cuando pienso en Melissa A. C. (antes del cáncer) se me hace muy difícil recordarla o tan siquiera reconocerla. Es como esa amiga con la que has compartido toda tu vida experiencias innumerables y siempre haces planes para verla, pero nunca concuerdan o nunca encuentran un momento en el calendario para hacerlo y se llenan de *«toy, te aviso»*, *«next week, 100 %»*, sin embargo, nunca termina pasando. Suena tonto e ilógico no concretar planes contigo mismo cuando físicamente sigues aquí, pero la realidad es que absolutamente nada ni nadie te prepara para perderte y *grief your past self*. Sin intenciones de sonar *over dramatic*, el 15 de abril de 2021, la Melissa de veintinueve años que se preocupaba por aspectos cotidianos de la vida como dinero, matrimonio, hijos, *shopping*, cabello o planes con los amigos cada fin de semana, murió con una simple llamada y, desde entoces, la nueva Melissa ha estado sobreviviendo *while dealing with the loss of her own self*. La vida te detiene en seco y tus prioridades cambian y con todo esto le tocó cambiar a una persona que siempre ha odiado los cambios.

El primero de ellos fue el divorcio de mis papás. A pesar de recordar lo que sentí como si hubiese pasado ayer, no recuerdo la mudanza, el cambio de horarios, ni ningún aspecto físico de esa separación. Sé que pasé de vivir en una casa de tres pisos con olores familiares de madera y sonidos de la naturaleza a un apartamento sin historias ni recuerdos. Desde que nací, viví en una casa llena de alegría jugando con mis hermanos, pasando horas pretendiendo ser la princesa Zelda o peleando por el control del Nintendo con mi hermano Ricardo. Recuerdo a Sofía, mi nana, a quien amaba con todo mi corazón, cocinando y viendo conmigo *La isla Gola Gola* y *Bananas en pijamas* todas las mañanas. Recuerdo las grandes celebraciones de Navidad con mis papás, hermanos, mi abuela Paca y mi tío Toto, el olor a pino y la adrenalina de esperar a Santa para abrir los regalos. Vienen a mi memoria las mañanas del 25 de diciembre abriendo regalos con mi mejor amiga y hermana Ana

Carolina. En fin, recuerdos que me llenaban el alma. No tengo ni un solo recuerdo de mis papás discutiendo, no sé si mi mente borró eso o si era algo que pasaba sin estar nosotros presentes, lo único que sé es que tuve la mejor infancia, la mejor familia y la mejor casa. Quizás (y esto me atrevo a decirlo después de años de terapia) este fue el primer indicio de que mi mente estaba programada para bloquear lo malo, evitar ser vulnerable y simplemente seguir adelante.

Empezar una nueva vida a los diez años fue la primera vez que tuve que aceptar la dura realidad de que la vida puede cambiarte drásticamente de la noche a la mañana. No tenía ningún control sobre la situación, seamos francos, quien tiene algún tipo de control en su vida a los diez años. Era una niña sin poder y sin autoridad sobre cualquier cosa. Era quien yo pensé que tenía que ser en ese momento; una buena niña, una buena hija y buena estudiante. Sabía lo que necesitaba hacer, pero no sabía quién quería ser. No recuerdo haber llorado ni haber discutido sobre la decisión de mis papás, ni siquiera recuerdo haber dicho alguna palabra que explicara cómo me sentía en el momento con el divorcio, pues ni siquiera sé si entendía lo que estaba pasando, lo único que sabía era que ya no iba vivir con mi papá y las cosas estaban por cambiar. Sabía que tenía que ser muy fuerte y para mí eso era algo tácito, algo que tenía que ser sí o sí, a pesar de que nadie me presionó a serlo. La Melissa de diez años no sabía que, diecinueve años después, se encontraría nuevamente sin control sobre una situación que volvería a cambiar el rumbo de su vida, con la que sí o sí tenía que llenarse de fortaleza para vivir.

A pesar de que tuve que crecer antes de tiempo para enfrentar las dificultades que conllevan tener dos padres que no se hablaron por más de diez años y les tocó jugar al «telefónico» conmigo, no hubo un día en el que no recibiera amor. De mi familia y de mis amigos, que hoy en día considero mi familia. Desde muy pequeña, entendí la importancia de rodearte de personas que te entienden, que no te juzgan y te aman a pesar del *emotional baggage* con el cual todos cargamos. Me considero extremadamente afortunada de haber crecido con amigos que, veinticinco años después, siguen a mi lado a pesar de nuestras diferencias. Definitivamente, la vida siempre encuentra la manera de agarrar lo malo y transformarlo en un tesoro. Las cosas que a veces consideramos inaguantables tienen todo el potencial de convertirse en grandes bendiciones. No tengo las respuestas para todo, pero me gusta pensar que cada cosa que pasa en nuestras vidas tiene el potencial de podernos conducir hacia una profunda transformación. Nunca sabemos el verdadero valor de nuestro trauma, dolor, sufrimiento y luchas hasta que se transforman en sabiduría y fortaleza.

I am calling B.S., decir que no he tenido remordimientos por algunas de mis acciones y decisiones tomadas a lo largo de mi vida. He lastimado y me han lastimado. Me he resistido tanto al cambio por miedo a sentir aquello que sentí a mis diez años, que he alargado situaciones o me he aferrado a personas deseando que fueran estrellas, pero la realidad es que estaban destinadas a ser solo cometas que pasarían fugazmente para luego desaparecer, dejándome con lecciones de vida, mismas que no sabía cuánto me ayudarían a enfrentar la batalla más dura de mi vida. A pesar de haberme equivocado repetidas veces, he encontrado estrellas en distintas etapas de mi vida, algo que he realizado más que nunca en estos peores momentos de mi vida.

Las personas a las que llamo estrellas son aquellas que brillan iluminando a los demás, siempre están cuando se les necesita y hasta en esos días que ni sabes que las necesitas. Dan calor cuando es necesario, pero también sombra cuando el calor es insoportable. Quizá no podamos notarlas o apreciarlas siempre porque su trayectoria no es tan espectacular o rápida como las de un cometa, pero su luz se mantiene encendida y siempre están entre nosotros, con toda la fuerza posible. El cáncer me abrió los ojos y me hizo levantar la cabeza y ver las estrellas. Yo no tengo estrellas, tengo constelaciones de amigos que desde el día uno no han permitido que se apague mi propia luz. Constelaciones

que a dónde sea que vaya siempre estarán conmigo.

Con este libro no busco ser superpositiva ni supernegativa, busco ser realista. La realidad es que *SUCKS* tener cáncer, punto. *Sucks* que de la noche a la mañana tengas que pensar en decisiones que pueden cambiar el rumbo de tu vida completamente cuando aún eres joven y piensas que tienes toda una vida por delante. Siempre pensamos que tenemos tiempo de sobra para esto y no es así.

De las cosas que más recuerdo durante este proceso fue el día que me dijeron que la quimioterapia podía afectar mi fertilidad.

«¿Tienes hijos? ¿Quieres tenerlos?», preguntó mi

oncólogo.

Jamás había pensado en eso, ni siquiera es una pregunta que hoy en día puedo contestar (ni quiero contestar al tener tanta incertidumbre en mi futuro). Nunca había tenido la necesidad de hacérmela. Estaba llena de «jamases» y «nuncas». Crecimos programados en una sociedad que nos moldea para pensar que, eventualmente, llegará una persona a tu vida de quien te enamoras, te casas y con la que luego tienes hijos, algo que siempre creí querer y esperaba que, naturalmente, sucediera. Es un pensamiento completamente monótono. Blanco o negro. Así como cuando vamos al kínder, pasamos a la escuela, vamos a la universidad y luego encontramos un trabajo. Son pasos diseñados por la sociedad para vivir una vida esperada, controlada... una vida «normal». Extrañamente, yo siempre crecí pensando que era infértil o que me iba a costar tener hijos cuando quisiera tenerlos. Lo que no me esperé fue mi reacción a esa pregunta tan en frío de si quería o no tener hijos cuando apenas llevaba veinticuatro horas procesando que tenía cáncer. Yo... tenía... cáncer... Lo único que sabía era que NO había escogido tener cáncer y ya me habían quitado una enorme decisión en mi vida por lo cual no podía permitir que me volvieran a quitar otra. Debido a esto, en ese momento decidí pasar por el proceso de congelar mis óvulos para darle a la Melissa del futuro la oportunidad de decidir por ella misma. ¿Quiero tener hijos? No tengo idea, pero el *fucking* cáncer no iba a decidir en ese momento por mí. *#fuckcancer.*

Sabía, a medias, que el proceso de congelar óvulos sería difícil y doloroso, pero no sabía que emocionalmente iba a ser devastador. Nuevamente, nadie te prepara mentalmente para esto. Recordemos que yo ni siquiera estaba pensando en tener hijos por lo que, al inicio, pensé que era algo más para agregar en mi *Meb´s Survival To Do List*. Estando en esas salas de espera en la clínica de fertilidad te encuentras con parejas enamoradas y emocionadas por su proceso de embarazo. Es difícil no compararse y entristcerse sabiendo que mi situación era distinta, muy distinta. Yo no estaba buscando una nueva familia ni una felicidad instantánea, sino una posible solución para un futuro incierto. Este proceso duró poco menos de dos semanas, pero *it was extremely eye opening*. Constelaciones de amigos médicos y no médicos, sin dudarlo, me acompañaron día a día a colocarme las inyecciones, a responder mis dudas y tomarme de la mano cuando el miedo era tanto que ni lo entendía. A pesar de sus horarios complicados y sus vidas, ninguno me falló ni me dejó sola durante mi proceso. Qué afortunada soy de vivir en un mundo lleno de mis propias constelaciones de amigos, hermanos.

Maneras fáciles de apoyar a un amigo o familiar con cáncer

Lleváles una comida. "Barriga llena, **corazón** contento".

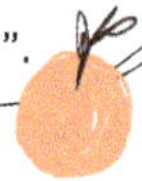

Ofréceles cuidar a su bebé. (esto incluye a su bebé gatuno o perruno).

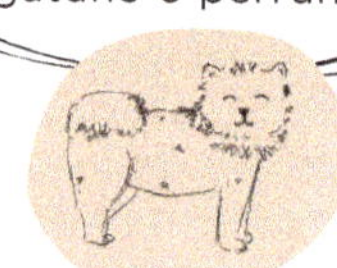

Ayuda con quehaceres del hogar.

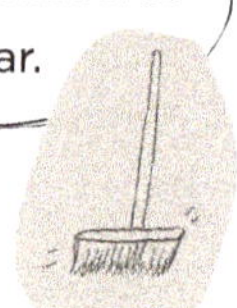

Envíales mensajes y videos de risa y felicidad.

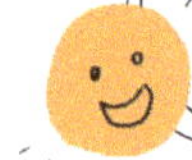

Ayuda con los gastos (no sólo médicos).

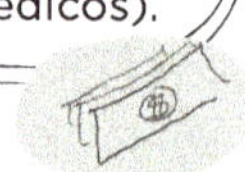

Déjalos desahogarse, está allí día o noche.

Fertilizante venenoso

«Lo que no sabes, te hará daño».

Jim Rohn

Hablemos de la quimioterapia y sus efectos. Si buscas quimioterapia en WebMD como yo lo hice (extremadamente ansiosa), lo primero que sale son sus efectos secundarios, específicmente, la pérdida de tu cabello y sí, TODO tu cabello en TODO tu cuerpo, hasta el mínimo pelo que no sabías que tenías se esfuma. Pasé tantos años de mi vida acomplejada por mi cabello, que si la queratina, que si el tinte, que si el corte, jamás agradecí tan solo por tenerlo. Pasé años queriendo modificarlo buscando mi propia identidad que cuando lo perdí no podía ni reconocer a esa persona en el espejo.

Vivimos acomplejados queriendo hacer cambios, siempre pensando *«the grass is always greener»* que no nos damos cuenta de que nuestro cuerpo es nuestro templo y es perfecto tal como es. Es perfecto y uno aprende a amarlo y a apreciar cada pelo, cada uña, cada centímetro y cada parte de tu cuerpo que, cuando te quitan algo, se esfuma un pedazo de tu identidad, así, de pronto, rápido, efímeramente. En ese momento me encontraba nuevamente en un punto en el que la enfermedad me estaba quitando la oportunidad de tomar MI propia decisión. Es ahí cuando hay que armarse de valor porque, lastimosamente, te encuentras con muchas personas que, sin darse cuenta, invalidan tus sentimientos con frases como: «Es solo cabello, vuelve a crecer», «igual te ves superbien, no sé por qué te pones así», «en un par de meses vas a volver a ser tú». NOPE, en un par de meses no vuelves a ser tú, el «tú» que existía ya no está por ningún lado. Cada experiencia, cada caída, cada golpe que te da esta enfermedad te cambia, te transforma. Compartiendo mi experiencia me gustaría aconsejarlos para que no intenten buscar la forma de hacer sentir bien a una persona con comentarios vacíos cuándo es imposible entender lo que está pasando por su cabeza. Solo con estar presente en su vida y escuchar es suficiente.

«Melissa, debes tener claro que en tres semanas después de la primera quimio se te caerá cabello», dijo mi oncólogo.

«Nah, seguro a mí no me pasará tan rápido», pensé ilusoriamente.

Y como me dijo el doctor, así fue. A la tercera semana exactamente el cabello empezó a caerse por mechones, fue una sensación indescriptible. Tenía miedo de peinármelo o siquiera pasarme la mano sobre la cabeza. Ver cómo tu cabello se cae de manera incontrolable te rompe por dentro. Nuevamente recuerdas que no tienes ningún tipo de control sobre lo que te está pasando. Lo más valeroso que pude hacer en ese momento fue intentar controlar un poco la situación e ir al salón a quitármelo todo de raíz. No digo que eso es lo que todos debieran hacer si se encuentran en esa situación, pero, en lo personal, teniendo un fuerte conflicto con la falta de control, era algo que necesitaba hacer para aceptar lo que me estaba pasando. A pesar de que perdí gran parte de mí ese día, no lo recuerdo con tristeza. Mi mamá, mi hermano, mi novio y mis amigas (hermanas) no me soltaron la mano, me limpiaron cada lágrima que derramé e hicieron de un día TAN difícil un recuerdo MUY hermoso. Mi hermano y mi novio me hicieron una de las más grandes demostraciones de amor al decidir quitarse ellos también todo su cabello para acompañarme en mi situación. Hicieron de un día tan difícil un recuerdo muy hermoso.

Por días, semanas y meses no reconocía a la Melissa en el espejo. Jamás he sido vanidosa ni me he considerado linda, pero por lo menos me miraba en el espejo y me aceptaba y me amaba. Por más que me dijeran «te ves bien», o «qué bonita tu cabeza» (ja, ja, ja, me rio porque es un cumplido extraño, pero más común de lo que uno cree), son frases que se vuelven nada cuando te paras frente al espejo en las mañanas y no te reconoces. Cuando intentas vestirte para ir al trabajo y no hay nada que te quede bien y te motive a continuar con tu vida cotidiana.

La pérdida del cabello es un recordatorio de que estás pasando por una enfermedad extremadamente difícil. Es un recordatorio no solamente para ti, sino para las personas que te ven. Siendo joven, eso te priva de muchas cosas, te separa de la normalidad y te recuerda que tu vida está en pausa mientras ves la de tus amigos y tus seres queridos avanzar, pero como dije en un principio, este libro no es solo para enfocarse en lo negativo, sino también en lo positivo, a la vez, me gusta ver la pérdida de mi cabello como un renacimiento. Me gusta pensar que, si los pacientes de cáncer no pasáramos por esta pérdida, no sería tan impactante el cambio en nuestras vidas. Es como si, metafóricamente, se tratara de perder a tu antiguo ser, renacer sin cabello como lo hacen los bebés y luego verlo crecer, poco a poco, como representando el crecimiento de tu fuerza cuando vas superando el tratamiento.

La quimioterapia no solo me dejó lecciones personales debido a mis propios cambios físcos, sino que me llenó de una humildad y una empatía indescriptible. Me detectaron el cáncer justo después de cambiar de seguro de salud debido a la pandemia. ¡Qué leche! Esto se traduce a que, durante mi primer año del nuevo seguro, ningún tratamiento iba a ser cubierto y por primera vez experimenté el *fucked* up sistema de salud público. Estoy llena de experiencias de levantarme a las 3 a. m. para ir al oncológico, pasar horas de pie haciendo largas filas para tomarme una simple muestra de sangre, luego aguardar otras tantas horas en espera para ver a mi doctor y después muchas otras horas más para entrar a la sala de quimioterapia. Estas experiencias siguen, aún después de terminar parte de mi tratamiento. Están muy presentes en mi agenda personal los días que debo madrugar o no dormir para esperar horas junto a miles de personas que están pasando por la misma situación que yo. Estábamos en medio de la pandemia y el distanciamiento social era inexistente en ese lugar. Cada uno de nosotros tenía el sistema inmunológico comprometido y nuestras defensas estaban por el piso, pero aun así nos exponíamos al virus mientras buscábamos ser atendidos para curarnos de una enfermedad de vida o muerte.

«Melissa Batres pasar a sala 4 de quimioterapia, Melissa Batres pasar a sala 4 de quimioterapia», un llamado por altavoz que escuché tantas veces que hoy me acuesto a dormir y lo escucho repetirse en un eterno loop.

En esas frías y mudas salas recibí dieciséis ciclos de quimioterapia, el número máximo que puede recibir una paciente con mi tipo de cáncer.

Se me hace imposible contar las veces que me desperté a las 3 a. m. para esperar todo un día en el ION y salir casi a las cinco de la tarde exhausta física y mentalmente. Aprendí a ser paciente con el sistema de salud público. Me di cuenta de que se me hacía más fácil ir sola, sin un familiar, sufría más pensando cómo la estaba pasando mi familiar que cómo realmente la estaba pasando yo. Cierro los ojos y puedo describir con exactitud cada rincón de las salas de quimioterapia. Conozco de memoria en qué sala va cada enfermera. Ya sabía qué sala era la fría y cuál era la Antártida. Estaba clara del horario de cada enfermera y, sobre todo, sabía cuál enfermera tenía dificultades para colocarme las agujas en mi catéter del pecho y cuál era una experta haciéndolo.

Y no solo debo lidiar con mi propia experiencia, sino con la impotencia que se siente por ver a tantos adultos mayores en situación similar a la mía, esperando solos por horas para ser atendidos y tratados. Personas de bajos recursos que viajan horas para llegar a la ciudad y no tiene ni qué comer, cuando la comida es la gasolina necesaria para aguantar un poco el veneno de la quimioterapia.

La pandemia nos privó del derecho de ser acompañados de la mano en una situación que no es para nada fácil superarla solos. No es como lo pintan en las películas, no son grandes salones blancos y limpios en donde los pacientes se reúnen a jugar cartas mientras el veneno de la quimioterapia entra por las venas. No hay doctores felices acompañándonos durante el proceso y alegrándonos con sus anécdotas. No hay grandes campanas que tocas cuando terminas una etapa de tu tratamiento. Son horas de pie con un tumulto de personas, viendo el sufrimiento y el dolor de miles de ellas, personas mayores que viajan horas en autobús con la esperanza de ser atendidos. A pesar de que fue y es difícil ser atendida en el oncológico y que sufro cada vez que pienso que debo ir, no me quejo del trato recibido de cada enfermera y cada doctor que dedican sus vidas por completo a nosotros. En ese lugar nunca falta un: «Buenos días» y ni un «Dios me los bendiga». Más de dos mil pacientes son atendidos a diario en ese centro y cada uno de ellos me llenan de fortaleza para seguir luchando a su lado. Quizá nunca me acuerde del nombre de todos, pero jamás olvidaré sus caras, sus sonrisas y sus palabras de aliento cuando me vieron con la mirada fija en el suelo, con miedo y dolor.

Una vez que pasas por todos los procesos burocráticos del sistema de salud y finalmente eres llamada a la sala de quimioterapia, lo primero que sientes es alivio, extrañamente, todos entramos felices a pesar de que sabemos que lo que viene es lo más difícil del día. ¿La quimioterapia duele? Sí. En pocas palabras te conectan en el pecho una aguja por la cual corre lentamente un medicamento diseñado para matar las células cancerígenas, pero por ahí mismo arrasa con las células buenas. Aquellas que nos dan la energía para vivir, aquellas que tomamos *for granted*. No puedo decir que tuve la peor experiencia del mundo, yo era joven y mi cuerpo estaba más fuerte, podía resistir mucho más que mis vecinos de al lado en la sala de quimio, pero mi vida no estaba en pausa. Seguía teniendo las mismas responsabilidades que tenían todos mis amigos. Tenía que levantarme para ir a trabajar, liderar un departamento entero de más de veinte personas, pagar mis cuentas, dedicarle tiempo a mi familia y amigos y dar el 100 % de mí a mi relación de pareja, cuando a lo sumo tenía 15 % de energía en mi cuerpo. Ojalá las personas entendieran que nuestras vidas están *halted*, pero nuestras responsabilidades y cuentas por pagar *have not*.

Como he mencionado, un gran factor que influyó en todo esto fue la pandemia, ya no podía salir a tomar con mis amigos, no podía ir a fiestas ni a reuniones ya que mi cuerpo no tenía las defensas suficientes para protegerme del mundo y Melissa A. C. ya tenía su celular en modo avión y su estatus en *away*. Mi cuerpo y mi fortaleza fueron puestos al límite para realizar hasta las tareas cotidianas más fáciles.

El cáncer y las relaciones amorosas no van fácil de la mano. Si algo iba a poner a prueba mi relación era esta enfermedad. La quimioterapia te arrebata todas esas buenas experiencias que buscas tener en una relación, en especial en el *«honeymoon stage»* en el que estás cuando empiezas una relación. ¿Libido, ganas de salir, planes al aire libre, paseos, viajes? NAH, eso se va de la noche a la mañana. Se van y lo único que te queda es la culpa, culpa de no poder darle a tu pareja todo lo que se merece y rabia de no poder vivir con el amor de tu vida las experiencias que todos nos merecemos. Culpa de cancelar planes con tus amigos, de perderme eventos especiales como cumpleaños, bodas, nacimientos y bautizos. Culpa de solo tener energía para quedarme en cama procesando todo lo que me estaba pasando, recuperándome de todo el veneno que estaba recibiendo mi cuerpo. Increíblemente, el cuerpo humano tiene la habilidad de recuperarse de cualquier cosa. Mi cuerpo fue sometido (hasta el momento) a las dieciséis quimioterapias antes mencionadas. 28 radioterapias y a cuatro cirugías, pero lo difícil es reconer que cuesta más recuperarse mentalmente. He vivido un *roller coaster* de emociones que no se van cuando terminas una etapa de tratamiento y muchas veces se acumulan por miedo a afrontar la realidad. A pesar de todo esto, me considero extremadamente afortunada. Mi cuerpo no tenía la habilidad de darme lo que necesitaba, pero ¿se acuerdan de las constelaciones en mi vida? Yo tengo MILES de personas que día tras día han iluminado mi camino.

Sin duda alguna, considero que mi meta en esta vida es ser siempre una estrella brillante para quien lo necesite… mientras Dios y el universo me permitan seguir aquí.

Intentemos usar una metáfora para explicar qué se siente pasar por estos tratamientos. Imaginémonos que te han repartido un extraño juego de cartas. Dios ha dicho: *«necesito que te quedes a la orilla del océano, por un año, tal vez un poco más»*. Al principio parecía una especie de broma.

«Quieres que me quede en la orilla del océano, ¿por cuánto tiempo? ¿Un año y un poco más? ¿Y no puedo moverme? ¿No puedo salir y caminar?»

«No, no puedes moverte. Día y noche debes pararte a la orilla del océano».

Esta decisión no fue tomada por mí, me parecía muy injusta y paralizante. No quería pasar mi verano a la orilla del océano. Esta tormenta que estaba a punto de enfrentar, sin saberlo, se había estado gestando durante no estoy segura cuánto tiempo.

Me paré al borde del océano durante una tormenta que duró dos semanas y se sintió como toda una vida. El agua del océano estaba más fría de lo que cabía esperar para el pico del verano.

Me gustaría que imaginaras cómo sería estar parado en la orilla del océano durante una tormenta feroz. Cierra los ojos unos segundos e imagínalo realmente en tu cabeza. Durante día y noche, mi cuerpo fue golpeado y azotado por olas mucho más altas que yo. Hubo momentos en los que pensé que me iba a ahogar, pero justo cuando comenzaba a perder la esperanza, siempre me regalaban un breve descanso, a veces eran unos minutos, en otras ocasiones, el tiempo suficiente para tomar un aliento antes de volver a hundirme. Apenas dormía. Es casi imposible dormir durante una tormenta de ese tamaño. Y durante semanas, soporté noches de insomnio.

Después de que pasó la tormenta, mi cuerpo quedó en carne viva. Estaba mojado y frío y picaba por las bofetadas del agua. Mis ojos quedaron rojos e insomnes y mi cabello todo enredado, como un trapeador sobre mi cabeza. Yo era débil y frágil, pero cuando quería desmoronarme, logré mantenerme erguida.

Y mientras lo hacía, el sol comenzó a salir de detrás de las nubes oscuras que en ese momento me acechaban.

Aprendí que la prueba que me estaba poniendo Dios parándome en la orilla a veces parecía cruel, pero otras veces ha venido acompañada por notas de amor. Llegan en forma de días perfectamente elaborados cuando la puesta de sol es tan hermosa que me hace llorar. Y tal vez se deba a esto el que haya podido soportar semanas de tormenta, haciendo que sus notas de amor sean mucho más conmovedoras de leer. No estoy segura, pero puedo decirles que después de estar parada en la orilla del océano durante tanto tiempo, he visto una belleza salvaje que muchos otros no han visto a lo largo de sus vidas.

Tal vez esta imagen de estar parado en la orilla del océano no te resulte familiar. O tal vez lo conozcas demasiado bien. Tal vez hayas sido abofeteado o ahogado por una enorme masa de agua y mis palabras te devuelvan a ese momento. Tal vez te hagan sentir algo profundo en tus entrañas como el estruendo de una nube de tormenta, o tal vez un pequeño golpe de una ola que puede, por un momento, transportarte a la orilla del océano donde estás a mi lado. Pero las olas que me golpean son diferentes de las olas que te han golpeado a ti. Y nadie, ninguna persona en esta tierra, se ha puesto en mis zapatos y ha sido golpeado por el mismo patrón exacto de olas desde el 15 de abril hasta el tiempo que dure. Al igual que yo nunca soportaré tu patrón exacto de olas.

Algunos de mis amigos, y ciertamente mi familia, han sido salpicados o empapados por mis mismas olas. Les pediría disculpas, pero no controlo el océano y a la mayoría de ellos no les importa mojarse por un día. A decir verdad, cuando son golpeados por una gran y gorda ola, una hecha por la orilla de mi océano, me da consuelo. Y no soy una mala persona por sentir eso. Porque la orilla del océano es un lugar solitario y da miedo por la noche. Y nadie lo visita de noche porque no puede. Y cuando miro el agua negra y cristalina, a veces, la encuentro hermosa, pero la mayoría de las veces tengo miedo. Así que gracias a quienes me han visitado a la orilla del océano este verano, pero sobre todo gracias a mi novio Pedro, por permanecer día y noche agarrándome la mano en la orilla del mar, bajo tormentas, sol, truenos y relámpagos.

Siempre habrá otra tormenta. Siempre hay más que hacer y más por venir. Nunca se detiene hasta el día en que morimos. Se nos permite tener miedo del mal tiempo que se avecina. Tengo miedo. Pero en los días en los que el agua está más tranquila y el sol brilla un poco más, no debemos permitir que el miedo persistente nos impida cumplir con nuestro deber. Nuestro deber es reír y sonreír, saltar y llorar, porque estamos vivos y debemos bailar con los sonidos del océano. No libre de miedo, pero sí moviéndose con él. Hoy he encontrado un pedacito de hogar a la orilla de mi océano. Aunque da miedo. Y aunque, es posible, que haya preferido pasar mis días en otro lugar.

Consejos para hablar con alguien con cáncer

Cuando dices...	Escuchamos...
Solo mantente positivo	No puedes hablarme de tus verdaderos sentimientos
Mi tía tenía cáncer y murió	Vas a morir de cáncer
Todo sucede por una razón	Hiciste algo para merecer tu cáncer
Pero no pareces enfermo	Estás exagerando
Eres una gran inspiración	Solo eres una inspiración cuando intentas no morir
Hazme saber si necesitas algo	En realidad, no me preguntes si necesitas algo

Prueba en su lugar

Dices...	Prueba esto...
Solo mantente positivo	Esta bien estar molesto por esto
Mi tía tenía cáncer y murió	El cáncer me ha tocado la vida, te escucho
Todo sucede por una razón	Esto es una mierda lo siento mucho
Pero no pareces enfermo	¡NO comentes sobre la apariencia!
Eres una gran inspiración	Estoy orgulloso de ti, lo estás haciendo increíble
Hazme saber si necesitas algo	¿Debería traerte pizza o helado?

Tía cosa

«Definitivamente tengo problemas corporales, pero todos los tienen. Cuando te das cuenta de que todos los tienen, incluso las personas que considero impecables, entonces puedes comenzar a vivir con la forma en que eres».

Taylor Swift

No soy la primer ni la última persona que crece con algún complejo de su físico, el mío, desde muy pequeña, siempre fue el cabello. No había manera de domar esa bestia, literalmente. Solía compararme con mis amigas y desear que mi cabello fuera igual, liso y sin «cus cus». Por años recurrí a todo tipo de tratamientos que, gracias a Dios, con el tiempo fueron mejorando y cambiando.

Recuerdo haber pasado horas en un salón de belleza asiático en el barrio chino en Panamá, siempre acompañada de mi amiga Anadelle. Salíamos después de más de cinco horas mareadas con el olor a químico y la música de FM Corazón El lenguaje del amor. Hoy nos reímos recordando cuánto tiempo perdíamos ahí sin tener distracciones, no había smartphones que nos salvaran. Se volvió una tradición aplicarme la queratina tres a cinco veces al año para domar «la maldad» como le dice Dany, mi peluquero y familia de toda la vida. Nunca estaba realmente conforme con mi cabello y me daba rabia no tener el cabello deseado con el que soñaba. Hoy, me da igual qué tipo de cabello tengo, solo quiero tener cabello. Dura realidad que me costó entender luego de perder todo mi cabello a las tres semanas de empezar mi primera quimioterapia. Mientras escribo esto, mi cabello está del largo del de un niño de dos años y lo AMO y lo aprecio. Me duele saber que existe la posibilidad de volver a perderlo si tengo que volver a pasar por quimioterapia, pero estoy mucho más preparada de lo que lo estaba cuando lo perdí por primera vez.

Apenas me dijeron que iba a perder TODO mi cabello y, como era de esperarse, me sumergí en un *rabbit hole online* buscando la mejor opción de peluca para mí. Eso me aterraba enormemente. Muchos me dijeron que eso era lo de menos y que me iba a volver a crecer, pero que va, las palabras se las lleva el viento y nadie sabe lo que se siente perder parte de tu identidad. Es totalmente cierto que uno no sabe lo que tiene hasta que lo pierde y yo estaba a punto de perder mi cabello, al que había maltratado física y mentalmente por años. Ahora, *suddenly,* lo amaba. La peor *toxic relationship* que he tenido en mi vida (y eso que he tenido varias).

Unas semanas antes de empezar la quimioterapia, fui junto a mi mamá y mi mejor amiga Laura a una tienda de la comunidad judía ortodoxa en Panamá. Apenas entré y empecé a ver las pelucas, lágrimas y lágrimas empezaron a correr por mi cara. No quería llorar ya que sentía que era una debilidad de mi parte sufrir por algo que era considerado tonto para muchas personas, pero llorar no es una debilidad, es una fortaleza. Cuando nacemos, nuestra primera señal de comunicación es el llanto y al crecer no nos damos cuenta de lo importante que es llorar. Las pelucas *BTW* eran espectaculares, tenían cabellos traídos de Israel, lisos, sedosos, largos, como siempre había soñado tenerlo, pero nos los quería, yo quería mi cabello con sus defectos y sus puntas rotas. Yo solo quería seguir siendo yo. Me senté en una silla y me midieron varias pelucas y al verme en el espejo me sentí completamente disociada de la realidad. Una de las clientes judías debió ver el dolor en mis ojos ya que, sin conocerme, removió su peluca y las demás clientes empezaron a hacer lo mismo. A pesar de no estar en la misma situación que yo, tenían que usar peluca en público por su religión. Hasta el día de hoy, no puedo explicar lo que sentí ese día. Recibí el apoyo de unas mujeres que no me conocían ni a mí ni mi historia y veníamos de dos religiones y mundos diferentes. Ese grupo de mujeres me llenaron de valor para mirarme al espejo y conectar conmigo. No era mi cabello, pero seguía siendo yo en ese reflejo junto a mi mamá y Laura.

Ese día aprendí una dura lección. Dios nos crea según su perfección y es vital aprender a amarse a uno mismo para enfrentar los cambios que la vida te presenta. Tía Cosa, como mi amigo Rafa decidió llamar a mi peluca, me ha acompañado los peores meses de mi vida. Me dio un poco de normalidad, una que *I was craving more than anything*. Eso sí, las pelucas no están hechas para el clima panameño, así que mi máximo *RESPECT* a todas las mujeres que, por su religión, deben salir todos los días a la calle con peluca cubriendo abajo sus cabellos naturales. Antes ni volteaba a verlas, ahora las veo, las admiro y respeto la devoción a sus religiones y creencias. Definitivamente, no es fácil.

Tía Cosa hoy en día es mi mejor amiga, pero nuestra relación sigue siendo tóxica. Un día la amo, otro día la odio, ningún proceso de sanación es lineal. Estoy muy agradecida porque mi familia pudo comprarme una buena peluca que me permite levantarme y vestirme todas las mañanas e ir al trabajo como cualquier otra persona «normal». Ahora que tengo más cabello, a pesar de parecer un niño de dos años, me cuesta aceptar que es posible volver a perderlo y que tendría que recurrir a Tía Cosa, quien está guardada en el fondo de mi armario, pero, así como guardamos siempre las cosas que nos cuestan más enfrentar, en el fondo de nuestro armario emocional, tarde o temprano llega la hora de armarse de valor, ser vulnerable y darle amor a tu peluca, así como ella me ha dado tanto amor a mí.

Meb's Tips

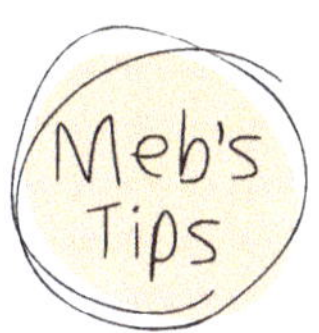

Las 5 etapas del duelo aplicadas al Cáncer

Ojo: Yo cambio entre estos semanalmente, diariamente o cada hora a veces. NO es una ciencia perfecta y es difícil.

1. Negación

¿Cáncer? Esto no me puede estar pasando

2. Ira

¿Cáncer? ¿Por qué me está pasando esto? Yo soy una buena persona, ¿Por qué estoy siendo castigado?

3. Negociación

¿Cáncer? ¿Qué pasa si prometo ser una mejor persona? Sí tan solo hiciera las cosa en mi vida de manera diferente

4. Depresión

¿Cáncer? Me voy a morir. No puedo hacer esto. Mejor me rindo ya y listo. ¡Quiero salir corriendo!

5. Aceptación

¿Cáncer? Tengo cáncer y SUCKS, pero no puedo cambiarlo. No esta bien tener que pasar por esto pero estoy aprendiendo a vivir con ello.

Te extraño cigüeña

> «La menstruación es un pequeño precio que pagas por ser bendecida con el mayor regalo que puedas desear, y es tener el privilegio de dar a luz».

Tshetrim Tharchen

Estoy segura de que todas las mujeres nos acordamos de ese día tan vergonzoso en nuestras infancias cuando llega nuestra primera menstruación. Es probable que tengamos una historia estilo «trágame tierra» de ese momento. Yo recuerdo cómo mi mamá llamó a *«Raymundo y todo el mundo»* a contarles la gran noticia. Mi primera menstruación llegó casi a mis quince años, un poco tarde en comparación con mis amigas. Me sentía feliz de que, finalmente, me había pasado a mí, eso me hacía sentir normal, que era igual a todas las demás. Recuerdo que un martes «equis» mi hermano Ricardo entró a mi salón de clase a contarle a mis amigos que ya me había llegado el periodo y ahora usaba brasieres de copita (mínima, por cierto), otro gran momento de «trágame tierra». Él estaba orgulloso de mí y yo muerta de pena.

Desde pequeñas, asociamos la menstruación a la transición de niña a «señorita» y rápidamente detestamos ese momento del mes por ser tan incómodo y frustrante. Nos enseñan sobre el ciclo menstrual y algunos de los desafíos que plantea la pubertad (énfasis en «ALGUNOS»). En la escuela aprendemos que la menstruación significa que el cuerpo es ahora físicamente capaz de gestar un nuevo ser humano, pero nos dejan claro, desde temprana edad, que a pesar de que el cuerpo está listo para engendrar un bebé, debemos evitarlo a toda costa. Lo que no nos dicen es por qué debemos evitarlo, simplemente nos dicen que no tengamos relaciones sexuales hasta ser mayores.

Lo que sí no enseñan es a cómo ocultar el periodo con la ropa, con las toallas sanitarias y con los tampones. Inconscientemente, nos dicen que nadie debe saber que tenemos el periodo. Aprendemos a planear nuestros *outfits* dependiendo del día del mes. Nuestras emociones se ven afectadas por el periodo, lo que nos hace emocionales y sentimentales. Características que la sociedad asocia con debilidad.

A pesar de que nos hacen ocultar algo tan importante en la vida de una mujer, yo tuve suerte de estudiar y crecer en una escuela mixta en donde tener el periodo y mancharse la ropa sin querer no era algo tabú ni algo por lo cual avergonzarse. Son accidentes que pasan hasta de mayor con mucha frecuencia, pero que pueden llegar a ser tediosos. Nunca viví ningún tipo de *bullying* ni burla por tener el periodo. Es más, era sumamente normal preguntarle a un amigo en clase cuando me paraba si me había o no manchado la falda.

Lo que puedo decir con arrepentimiento es que nunca aprecié que mi cigüeña llegará mensualmente, y mucho menos aprecié que esto resultará en manchas en mi ropa o sábanas. Todo esto cambió el día que la quimioterapia indujo en mí, prematuramente, la menopausia, y me hiciese preguntarme a dónde se había ido mi cigüeña, aquella que por muchos años no aprecié. Me advirtieron que la quimioterapia podía parar mi menstruación lo que podía resultar en problemas de infertilidad, razón por la cual tomé la decisión, a ciegas, de congelar mis óvulos, pero fue algo más que debía agregar a la lista de cosas que el cáncer me estaba arrebatando sin mi permiso. No estaba realmente consciente de la gravedad del asunto.

No tengo duda alguna de que pasar por la menopausia es difícil para toda mujer, pero puedo hablar con propiedad que vivir una menopausia inducida a tus veintinueve años cuando estás finalmente preparada para formar una familia con el amor de tu vida, es desconsolante. A pesar de que no siento que soy como muchas de mis amigas, que nacieron para ser mamás, parte de mí siempre ha soñado en tener mi propio bebé y formar una familia. La idea de que quizás no pueda tener hijos es suficientemente inaguantable, ahora sumémosle a eso los efectos secundarios de la menopausia. *WOW*, ahora entiendo tanto a mi mamá cuando se quejaba de los calores repentinos, o cuando llegaba amargada a casa sin ganas de ver ni hablar con nadie (sorry mamá por no entenderte cuando pasabas por esto, es impresionante lo que las mujeres sufren con estos cambios hormonales). Los calores son súbitos y sofocantes y ocurren en los momentos más randoms del día. Justo cuando tenía reuniones importantes con mi jefe o cada vez que iba a dormir, llegaba un calor del infierno, puro, sin advertencia y no había aire acondicionado ni abanico que lo detuviera. Por meses no dormí, porque me llegaban de quince a veinte veces los calores en mitad de la noche, era una pesadilla.

Ya el cáncer estaba interrumpiendo mi vida cotidiana, ahora imagínense estos calores que hacían que quisiera arrancarme todo, incluyendo a Tía Cosa, de una sola vez. El clima húmedo de Panamá por supuesto que empeora todo. Es más, pobre el señor que me tuvo que cambiar una vez la batería de mi carro en medio estacionamiento del *mall*. El calor que sentí en ese momento fue tanto que, sin pensarlo, me arranqué la peluca y al voltearse me vio con cara de sufrimiento y bien cocobola (calva). Más de una mirada volteó hacia mí cuando manejaba mi carro sin mi peluca porque ni el aire acondicionado podía con esos calores infernales.

Estuve nueve largos meses rezando que me viniera la regla, escuchando a mis amigas quejarse de los dolores de cólicos y yo pensando que quería volver a tener esos problemas. Cada vez que iba al baño le pedía a Dios que, por favor, regresara mi cigüeña. Vivía comparándome con mujeres de mi edad que quedaban embarazadas y celebraban esos momentos tan especiales, sin quitarles importancia ni mucho menos méritos. A pesar de alegrarme por ellas, era muy difícil pensar que, mientras más meses pasaban, más difícil sería que mi cigüeña regresará. Nuevamente, la vida me enseñó a apreciar lo que tenemos y cuándo lo tenemos. Que todo tiene una razón de ser y de existir. Que hay mil maneras de convertirse en madre en esta vida y no está limitado a concebir tu propio bebé. Conozco muchas mujeres que son madres biológicas, pero no son mamás, y muchas mamás que no son madres biológicas. Tengo tías que considero mamás y no somos consanguíneas. La maternidad no está relacionada exclusivamente a la fertilidad y, a pesar de que hoy en día mi cigüeña regresó quizás momentáneamente, no lloro por ella, pero la aprecio como nunca. Solo la vida dirá si estaré el suficiente tiempo en este planeta para ser mamá y, en caso de que no, la vida me ha llenado de sobrinos bellos que amaré por siempre gracias a mis amigas. ¡Además, ya soy mamá! Tengo el perrito más top del mundo, mi *«perrihijo»* Muñe.

♥ ♥ ♥ ♥ ♥

Hablemos del Imposter Sydrome
(Síndrome del impostor)

El síndrome del impostor es algo con lo que me enfrento antes y después del cáncer. Siempre trato de ser más, hacerlo mejor, lograr más y demostrar que valgo algo. Agregar el cáncer a la ecuación empeoró las cosas, así que espero que estos consejos puedan ayudarte a sobrellevar el mismo problema.

¿Qué es el síndrome del impostor?

La sensación de que no eres tan competente como la gente piensa que eres. sentirse como un fraude. sientes que no mereces tus éxitos.

¿Qué aspecto tiene?

- Duda persuasiva de uno mismo.
- Miedo constante de ser expuesto como un fraude.
- Creencia en que todos tus logros se deben a la suerte o al azar.
- Constantemente buscando la validación de aquellos en autoridad.
- Ansiedad, mucha ansiedad.

¿Cómo hacer frente?

- Comparte tus sentimientos con los demás.
- Reconoce tu éxito y esfuerzos.
- Deja de compararte con otros.
- Acepta que no puedes ser perfecto.
- Establece límites.
- Limita el uso de las redes sociales.
- Establece metas realistas.
- Cuestiona tus pensamientos internos.
- Ve a terapia.
- No confíes solamente en la validación de otros.

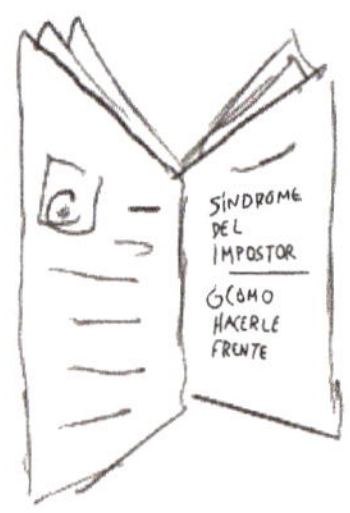

Mastectomía

«No me siento menos mujer. Me siento empoderada porque tomé una decisión fuerte que de ninguna manera perjudicó mi feminidad».

Angelina Jolie

Los seres humanos crecemos con complejos y nos comparamos con los demás, eso es muy común. Es mentira decir que amamos cada parte de nuestro cuerpo, siempre está esa estría que nos molesta o aquella cicatriz que nos frustra, yo siempre tuve un problema con mi cabello, como ya saben, y con el tamaño de mis senos. Bueno con la ausencia de ellos. Según mi opinión, Tablón de Ed, Edd y Eddy tenía más curvas que yo.

Toda la vida quise operarme los senos, sentía que eran muy pequeños y me hacían ver muy joven. Era la clásica niña que en la escuela rellenaba su brasier con papel higiénico y usaba brasieres de varilla y copa cuando no los necesitaba. Me creía todos esos mitos de ejercicios de brazos y me atragantaba con maníes ya que decían que ayudaban a que te crecieran los senos. Me frustraba que la ropa no me quedara bien, en especial los vestidos de baño, y sentía que no me veía atractiva como el resto de mis amigas. Las *millennials* lastimosamente crecimos en tiempos en los que el físico te definía como persona y sobre todo como mujer. Hoy en día, gracias a Dios, los estereotipos han cambiado completamente y es mucho más fácil aceptarse a uno mismo. Este no fue mi caso, yo no me sentía bien con mi cuerpo y viví mucho tiempo acomplejada debido a ello. Anhelaba el día que pudiera operarme.

Cuando me gradué de la universidad decidí que era hora de operarme los senos. Recuerdo ese momento superemocionante, pero extremadamente doloroso. Armé mi clásico cuadro de

Excel y le hice el *pitch* a mi papá hasta que aceptó. Era mi primera cirugía *ever* y llegué ese día al quirófano sin ningún tipo de miedo. Me tiré de cabeza y sin casco.

Cuando me preguntan cómo se sintió lo describo según mi opinión: se siente como cuando un alien está dentro de ti y está intentando salir de tu cuerpo al estilo *Aliens vs. Depredador*. Fue *dark. MUY DARK*. Pero «sarna con gusto no pica...» y no me arrepiento para nada. Estaba feliz con el resultado, me sentía segura de mí misma, me sentía «adulta». Quién iba a pensar que ese aumento de mamas iba a terminar siendo un *blessing in disguised* cuatro años después. Digo *«blessing in disguised»* porque, al tener ya un aumento mamario previo, fue un poco menos doloroso cuando me hicieron la mastectomía, (con énfasis en «poco»). Ya no tenían que abrir es-pacio detrás de mis músculos pectorales para colocar el implante. Melissa A. C. ya había pasado por ese sufrimiento. El alien ya había salido de mi cuerpo.

Como saben, mi cáncer está localizado en un solo seno, el derecho, por lo cual no era necesario hacerme una mastectomía en ambos senos. Era MI decisión esta vez. Por primera vez durante todo este proceso, tenía finalmente voz y voto sobre mi cuerpo. Esa difícil decisión se convirtió en una oportunidad para retomar algo de control sobre mí y sobre mi vida. Después de tantas decisiones tomadas por alguien más, era mi momento. Los doctores me dijeron que no había ningún efecto en remover el otro seno y que las probabilidades de que me dé en el otro seno son bajas de... bla, bla blá..., pero así mismo las probabilidades de que me diera cáncer a los veintinueve años eran nulas y heme aquí contándoles mi historia. Fue así como decidí hacerme una mastectomía bilateral con reconstrucción. Lo estaba haciendo por mi salud, sí, pero también por mi paz mental y mi estética que no deja de ser importante. Siento que cuando pasamos por el cáncer lo único que importa es sobrevivir, pero nadie le presta atención a nuestra salud mental. Digan lo que digan, el físico influye en la forma cómo nos sentimos mentalmente, para mí esa fue la decisión adecuada en el momento.

La cirugía duró menos de tres horas y todo salió bien, gracias a Dios. Cuando desperté lloré descontroladamente, no por dolor, sino porque fue difícil aceptar que me habían quitado una parte importante de mi cuerpo. Ya sabía que no iba a poder amamantar ni sentir lo que otras mujeres pueden sentir y, a pesar de que yo siempre había dicho que eso no me importaba, ese era otro recordatorio de todo lo que me estaba pasando, era una cicatriz que siempre me recordaría al cáncer.

Ahora me miro al espejo y veo seis cicatrices, cada una es un recuerdo específico de heridas de guerra. Pensé que me avergonzaría tenerlas, pero verlas me hacen más fuerte. Me recuerdan lo capaces que somos para sobrellevar las adversidades más grandes de la vida y que el cuerpo humano tiene una habilidad increíble de recuperarse. Puede que físicamente ya no luzca como antes y no tenga los senos ni el cabello soñado, pero nadie me quita lo vivido, nadie me quita lo luchado. No me gusta compararme con una luchadora ya que sé que hay personas que han recorrido mis pasos y la enfermedad se las ha llevado. No se siente bien decir que he vencido tal y tal etapa del cáncer ya que eso no me hace más fuerte que las personas que no están hoy en día con nosotros. Todos somos luchadores, todos tenemos nuestras propias batallas y, ganemos o no la guerra, somos vencedores.

He conocido miles de mujeres a las que les ha tocado realizarse la mastectomía en un solo seno o en ambos sin opción a reconstrucción. Estos casos han aumentado con la pandemia, pues ahora no permiten operaciones de estética porque no son consideradas «importantes». Muchas personas dirán que deben estar agradecidas de estar vivas y que se les redujo la posibilidad de que regrese el cáncer, pero cada una de esas mujeres debe pararse a diario y verse al espejo. Ellas reviven una y otra vez el recordatorio de lo que les pasó. Estoy aprendiendo a aceptar mis cicatrices. Ya no las escondo porque ellas cuentan por sí solas mi historia, a pesar de que me rememoran experiencias muy dolorosas, las cicatrices también me recuerdan que el pasado es real, me recuerdan dónde he estado, pero no dictan hacia dónde voy.

Frases motivacionales típicas que no funcionan para pacientes con cáncer.

Cáncer Muggle	Paciente de cáncer
"Disfruta las cosas pequeñas"	Las células cancerosas son pequeñas... no las disfruto.
"Lo mejor está por venir"	¿Cuándo?
"Cuenta tus bendiciones"	Ok .. uno .. no estoy muerto todavía. Terminé de contar.
"Se tú mismo"	No, gracias
"Haz más de lo que te hace feliz"	Peinarme antes me hacía feliz, ahora parezco un bebé con tres pelitos
"Colecciona momentos, no cosas"	Soy neutropénico y ¿adivinen qué? *Add to cart*

De mí, para mí

Querida yo de veintinueve años:

Estás en la cima del mundo, al borde de enfrentarte a algo realmente malo. Están por llamarte para reclutarte involuntariamente a la guerra más difícil de tu vida. No lo sabes aún, pero tienes todo lo necesario para embarcarte en esta misión. Sé que suena aterrador y que estás asustada, por supuesto que lo estás, pero en los momentos más oscuros quiero que recuerdes una cosa: la vida seguirá de la manera más espectacular. Necesito que aguantes y aceptes que la vida cambiará drásticamente y aunque siempre has temido y odiado tanto el cambio, todo (en su mayoría) será bueno, solo espera un poco. Sigue remando.

El amor jugará un papel importante en tu supervivencia, el amor de tu familia, de tu novio y de tus amigos, pero especialmente el amor propio. Aunque muchos días no te apetezca, te levantarás, te ducharás, te lavarás los dientes e irás a trabajar. Esto no lo sentirás como un logro y tus compañeros de trabajo tampoco lo verán como gran cosa, pero LO ES. Siéntete orgullosa de ti misma y permítete ser vulnerable. ¿Recuerdas cuando pensabas que no tenías un propósito de vida? Bueno, pronto te darás cuenta de que tienes una verdadera razón para vivir. Tendrás que tomar las riendas y conducirte a través del sistema de salud. Será extremadamente frustrante y muchas veces solitario, pero con la ayuda de tanta gente increíble, seguirás adelante. Celebrarás muchos hitos y luego te sentirás mal cuando el cáncer siga siendo agresivo y no esté respondiendo al tratamiento. Empezarás tratamientos de radiación cuando pensabas que ya no los necesitabas, pero no te rendirás. No siempre sabrás por qué, pero seguirás adelante.

Te arrepentirás de todas las veces que no quisiste vivir, que te deprimías y sentías que la vida era demasiado difícil. Te darás cuenta de que la vida es hermosa y única y que hay que aprovechar cada instante como si fuera el último. No será hasta que te digan que tu vida tiene una fecha de expiración que querrás vivirla al máximo. No hablo de tirarte de un avión o escalar el Everest, pero sí de vivir tu vida a tu manera, sin tener que darle explicaciones a nadie.

Tus amigos se lucirán, y lo harán demasiado. Te darás cuenta de que Dios te bendijo con miles de hermanos. Te darás cuenta de lo importante que es escribirles, llamarlos y abrazarlos hasta cuando no tienes ni ánimo de pararte de la cama. Entenderás que las verdaderas amistades nunca dejarán de brillar en tu camino. Ellos no lo sabrán, pero tu pasarás todo el tiempo que puedas con ellos, teniendo en mente que puede que no te quede mucho tiempo en esta vida. Reconocerás que no todos somos tan afortunados de vivir en un mundo con constelaciones de amigos y querrás aferrarte a cada momento y guardar bien cada recuerdo en tu memoria y en tu corazón.

Tendrás miedo de demostrar tristeza y vulnerabilidad frente a tu familia por el gran temor de verlos decaídos. Te frustrarás cuando quieran estar todo el tiempo contigo y cómo quisiera rogarte que no te frustres ni los alejes. La familia es la base de nuestras vidas, no escogemos con quién nacemos, pero todos los días nos elegimos mutuamente y nos amamos, a pesar de nuestras diferencias. Aprenderás esto a la mala y a tu manera les demostrarás que son las personas más importantes de tu vida y que darías lo que fuera por no verlos sufrir.

La vida tomará un significado completamente nuevo. Experimentarás dolor, muchísimo dolor. Ocultarás tu miedo bajo una máscara de positivismo. Rápidamente aceptarás la muerte. Eventualmente, te permitirás ser vulnerable. Algunos días no tendrás ganas de levantarte de la cama, así que no lo harás y, por favor, no te sientas culpable (aunque ya sé que lo harás). Aprenderás finalmente a decir NO a muchas cosas y dirás SÍ a muchas más. Aceptarás la ayuda de amigos y de desconocidos para obtener los fondos para pagar una de tus cuatro cirugías, aunque una pequeña parte de ti muera por dentro. Algunas personas vendrán y otras se irán de tu vida y eso está bien. Ese exnovio y amigo que pensaste que habías perdido para siempre regresará a tu vida después de casi cuatro años y serán los mejores amigos, para siempre. Te encantará ver a tus amigos vivir sus vidas. Te darás cuenta de que no te ofrecieron tener cáncer, pero te ofrecieron la oportunidad de aprender mucho al tenerlo. Tendrás a tu lado a un compañero de vida que no se separará de ti ni en los peores momentos. Aceptarás que la vida es efímera y que el cáncer muy probablemente te mate (aunque tu familia y amigos te regañen cuando dices esto en voz alta). Entenderás que, aunque la vida pueda lucir injusta y sea una mierda muchas veces, también es magnífica. La aceptación de la muerte no es una debilidad o un signo de renunciar a la vida, eso te permite tener algo de control, control que tanto ansías tener. Aceptar una enfermedad te permite soltar mucho y te enseña simplemente a ser. Te da espacio para VIVIR.

Melissa, la vida sigue y, por favor, nunca dejes de creer en las infinitas posibilidades. No puedo prometerte una vida más allá de este momento, pero puedo asegurarte que la vida ya se siente más que completa.

Meb's Tips

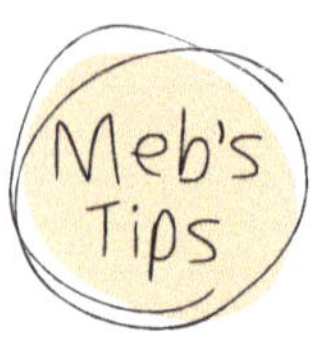

5 errores que cometí cuando fui diagnosticada con cáncer

1. Le di demasiada información a mi seguro de salud.

2. Creía que mi trabajo corporativo se preocupaba por mí

3. Le di detalles personales y dolorosos a cualquiera que preguntara

4. No obtuve una segunda opinión la primera vez.

5. Dejé que otros hagan mi cáncer sobre ellos

Llegó la hora de llorar. Aquí es cuando, después de escribir tantas páginas, se me quedan cortas las palabras para agradecerle a mis constelaciones.

Deliberadamente, he demorado este momento por mucho tiempo. Lo dejé para el último minuto porque no estaba segura de cómo transmitir mi gratitud hacia las personas que estoy a punto de nombrar. Quería asegurarme que mi gratitud la sintieran tan fuerte como cada uno de ellos me ha transmitido su amor y apoyo a lo largo de este año. El trauma por mi diagnóstico es muy profundo, pero al escribir sobre él, le ha dado espacio para airarlo. Probablemente, no he escrito todo lo que tengo adentro porque algunas cosas son demasiado difíciles de expresar, pero realmente espero que lo que he plasmado en estas cortas páginas ayude a muchos otros. Lo que sé con certeza es que nunca hubiera sido lo suficientemente valiente como para escribir sobre mi historia, si no tuviera a mi alrededor a todas las personas maravillosas que tengo en mi vida. Puede que muchas personas queden por fuera en estos agradecimientos, pero cada uno de ustedes sabe la huella que ha dejado en mi vida.

Mamá, si aún no lo sabes, eres la persona más fuerte, valiente y resiliente de la bolita del mundo, amén. Sé que la vida no ha sido fácil para ti y lamento mucho que mi diagnóstico se haya sumado a la lista de adversidades en tu vida. A pesar de todos los obstáculos que has tenido en tu camino, siempre has sabido superarlos con la frente en alto y gracias a ti es que he tenido fuerzas para enfrentar esta enfermedad. Ricardo Luis y yo te amamos más de lo que te puedes imaginar y por siempre estaré agradecida de llamarte mamá. Ojalá la vida me permita ser madre para seguir tu ejemplo. Mi corazón es tuyo y será tuyo por siempre.

Papá, como dicen nuestras palabritas mágicas: te quiero mucho papito lindo de mi corazón. Toda mi vida has sido mi inspiración para luchar por lo que quiero y ser la mejor versión de mí. Tus esfuerzos y logros los llevo muy presentes en mi vida y cada decisión que tomo la hago pensando en lo qué harías tú en mi posición. Me enseñaste a no rendirme nunca y a trabajar duro, pero sobre todo a perseverar. Qué afortunada soy de tener un padre como tú, con los años me he dado cuenta de que son pocos los afortunados de tener padres así.

Paca, pocos somos los afortunados de vivir una vida entera junto a nuestros abuelos. Gracias por cuidarme durante mis tratamientos y acompañarme cuando no he sido la mejor compañía. Mi mamá se ganó la lotería al tenerte como madre y yo al tenerte como abuela.

Ricardo Luis, aunque no nos lo decimos, tenemos nuestra manera de demostrarnos nuestro amor. Eres y siempre serás la persona más importante de mi vida. Las peleas y discusiones nos han hecho más fuertes y, sin duda, eres la primera persona a la que siempre llamaré en cualquier adversidad. Hemos vivido TODO juntos y por eso no hay nadie que me entienda tanto como tú. Espero que la vida me permita vivir más años para seguir viéndote crecer y, por favor, recuerda sonreírle más a la vida para que ella te sonría de vuelta.

Luis Alfredo, desde pequeña siempre levanté mi mirada para admirarte y apreciarte. Eres un hombre con un inmenso corazón y me siento muy orgullosa de ser tu hermana. Diego es muy afortunado de ser tu hijo y no tengo duda alguna de que tendrá una maravillosa vida a tu lado. Gracias por ser mi compañero durante la pandemia y por hacerme reír desde muy pequeña. Eres único.

Tío Ricardo, tía Esperancita, Ricardo Eduardo y Andrea Sofía, Dios estaba claro cuando me dio una familia como ustedes. Gracias por siempre estar, no tengo palabras para expresarles lo que significan para mí.

Pedro, pudiera escribir un libro entero solo dedicado a ti. Eres el ángel que me envió Dios cuando más te necesitaba. Has estado conmigo desde el día uno y me has amado los días que ni yo me soportaba. Infinitas gracias por TODO mi amor, eres y siempre serás el gran amor de mi vida.

Anadelle, Ana Carolina y Majandra, desde muy pequeña le pedí a Dios que quería una hermana sin darme cuenta de que las tuve desde el día que nací. Mi vida sin ustedes estaría definitivamente incompleta. Somos extremadamente afortunadas de que nuestras mamás decidieran tenernos a la vez y claro que debo incluirte Laura, que desde que te conocí te volviste mi otra mitad. Gracias por siempre estar conmigo, ustedes son mi familia y lo serán en esta y todas nuestras vidas.

Rivca, Edlyn, Sue Ellen, Flor y Estefanía, la escuela nos unió al azar, pero sin duda alguna las sigo escogiendo día a día. Han hecho de mi vida una experiencia indescriptible y me llena de felicidad verlas crecer y vivir sus vidas. Son mujeres excepcionales y estoy muy orgullosa de que sean parte de mi vida.

Nole Girls, estoy y seguiré extremadamente orgullosa de las mujeres en las que se han convertido. Qué alegría haber compartido tantas experiencias de college con ustedes, me cambiaron la vida. No pude pedir mejores amigas que ustedes.

Mari, Andrea, Grone, Vic, Corco, Bobby, Tobi y Johanna, FSU se lució dándome este grupito. GRACIAS por no tratarme de forma diferente ningún día a pesar de mi enfermedad. Estoy llena de recuerdos incomparables con ustedes y estoy segura de que seguiremos compartiendo muchas experiencias juntos.

Luigi, Kike, Rafa y Manning, más que amigos, son mis hermanos. Tengo un espacio enorme en mi corazón dedicado exclusivamente a ustedes. Me quedo por siempre con ustedes, los que me escucharon hasta cuando no dije ni una palabra.

Ale, Andrea y Jessica, quién diría que la confirmación me regalaría unas amigas tan increíbles como ustedes, Dios estaba clarito cuando nos unió. Estoy orgullosa de cada una de ustedes y de las mujeres en las que se han convertido. Nunca dejen de luchar por lo que quieren, se merecen el mundo.

Isabella, mi PE, ¿qué te puedo decir?... eres lo más *TOP*. En prekínder debimos pegarnos de una vez y no esperar tantos años para hacernos amigas. Has cambiado por completo mi vida y por siempre estaré agradecida y orgullosa de llamarte hermana. Aquí estaré siempre celebrando tus logros. Eres luz amiga.

Angie y Gloria, estaré eternamente agradecida por la paciencia y el apoyo que me han dado durante este proceso. Son *lis mijiris amiguis y siciis dil mindi. Lis quiri michi.*

Adolfo, Fore y Caleb. GxT AxS, la vida sin ustedes sería extremadamente aburrida. Son personas únicas y especiales. *I´m so lucky* de llamarlos hermanos.

Divesh, *soul brother*, gracias por empujarme siempre a seguir mis sueños. Gracias por remar conmigo hacia mis metas y celebrar conmigo mis logros. Hasta que la vida me lo permita, aquí estaré a tu lado siendo siempre tu #1 cheerleader.

Tía Maribel, tía Lindy y Tiabel, ¿qué les puedo decir? ¡¡Son las mejores mamás que existen!! Mi vida no sería lo mismo sin ustedes. Primero gracias por unirme a mis hermanas, pero, sobre todo, gracias por quererme como una hija. El amor que siento por ustedes es indescriptible. Me llena de tranquilidad saber que mi mamá siempre estará acompañada por ustedes.

Vicky M., gracias a ti estoy aquí escribiendo este libro. Te convertiste en mi inspiración desde el día uno. GRACIAS por llenarme de tanta valentía y por apoyarme sin dudarlo. Te admiro como no tienes idea.

Muñe, a pesar de que no puedas leer esto, dejo plasmado para siempre lo que significas para mí. Definitivamente, no es mentira el dicho de que el perro es el mejor amigo del humano, pero tú eres mi ángel guardián. Espero haberte devuelto todo el amor incondicional que me demostraste todos los días y ojalá nos sigamos encontrando en todas nuestras vidas.

Te invito a que utilices este espacio para expresar lo que sea que sientes y tomes unos segundos para agradecer por todo lo bueno que nos regala la vida a diario. Levanta la mirada, todos tenemos constelaciones brillando en nuestro camino.

0 1 2 3 4 5 6 7 8 9 10

NO HAY DOLOR | DOLOR LEVE | DOLOR MODERADO | DOLOR SEVERO | DOLOR MUY SEVERO | EL PEOR DOLOR POSIBLE

Cómo te sientes?

FECHA:

Intención del día:

Diario de Gratitud

Hoy estoy agradecida por:

Una meta para mañana

extras

Nivel de felicidad: 1 2 3 4 5 6 7 8 9 10

Diario de Gratitud

Hoy estoy agradecida por:

Nivel de felicidad: 1 2 3 4 5 6 7 8 9 10

Diario de Gratitud

Hoy estoy agradecida por:

Diario de Gratitud

Hoy estoy agradecida por:

Diario de Gratitud

Hoy estoy agradecida por:

Nivel de felicidad: 1 2 3 4 5 6 7 8 9 10

Diario de Gratitud

Hoy estoy agradecida por:

Diario de Gratitud

Hoy estoy agradecida por:

0 1 2 3 4 5 6 7 8 9 10
NO HAY DOLOR
DOLOR LEVE
DOLOR MODERADO
DOLOR SEVERO
DOLOR MUY SEVERO
EL PEOR DOLOR POSIBLE
Cómo te sientes?
FECHA:
Intención del día:
Diario de Gratitud
Hoy estoy agradecida por:
Una meta para mañana
extras
Nivel de felicidad: 1 2 3 4 5 6 7 8 9 10

Diario de Gratitud

Hoy estoy agradecida por:

Diario de Gratitud

Hoy estoy agradecida por:

Nivel de felicidad: 1 2 3 4 5 6 7 8 9 10

Diario de Gratitud

Hoy estoy agradecida por:

Diario de Gratitud

Hoy estoy agradecida por:

0 1 2 3 4 5 6 7 8 9 10
NO HAY DOLOR
DOLOR LEVE
DOLOR MODERADO
DOLOR SEVERO
DOLOR MUY SEVERO
EL PEOR DOLOR POSIBLE
Cómo te sientes?
FECHA:
Intención del día:
Diario de Gratitud
Hoy estoy agradecida por:
Una meta para mañana
extras
Nivel de felicidad: 1 2 3 4 5 6 7 8 9 10

0 1 2 3 4 5 6 7 8 9 10

NO HAY DOLOR · DOLOR LEVE · DOLOR MODERADO · DOLOR SEVERO · DOLOR MUY SEVERO · EL PEOR DOLOR POSIBLE

Diario de Gratitud

Hoy estoy agradecida por:

Nivel de felicidad: 1 2 3 4 5 6 7 8 9 10

Diario de Gratitud

Hoy estoy agradecida por:

Nivel de felicidad: 1 2 3 4 5 6 7 8 9 10

0 1 2 3 4 5 6 7 8 9 10
NO HAY DOLOR
DOLOR LEVE
DOLOR MODERADO
DOLOR SEVERO
DOLOR MUY SEVERO
EL PEOR DOLOR POSIBLE
Cómo te sientes?
FECHA:
Intención del día:
Diario de Gratitud
Hoy estoy agradecida por:
Una meta para mañana
extras
Nivel de felicidad: 1 2 3 4 5 6 7 8 9 10

Diario de Gratitud

Hoy estoy agradecida por:

Nivel de felicidad: 1 2 3 4 5 6 7 8 9 10

Diario de Gratitud

Hoy estoy agradecida por:

0 1 2 3 4 5 6 7 8 9 10
NO HAY DOLOR
DOLOR LEVE
DOLOR MODERADO
DOLOR SEVERO
DOLOR MUY SEVERO
EL PEOR DOLOR POSIBLE
Cómo te sientes?
FECHA:
Intención del día:
Diario de Gratitud
Hoy estoy agradecida por:
Una meta para mañana
extras
Nivel de felicidad: 1 2 3 4 5 6 7 8 9 10

Diario de Gratitud

Hoy estoy agradecida por:

0 1 2 3 4 5 6 7 8 9 10
NO HAY DOLOR
DOLOR LEVE
DOLOR MODERADO
DOLOR SEVERO
DOLOR MUY SEVERO
EL PEOR DOLOR POSIBLE
Cómo te sientes?
FECHA:
Intención del día:
Diario de Gratitud
Hoy estoy agradecida por:
Una meta para mañana
extras
Nivel de felicidad: 1 2 3 4 5 6 7 8 9 10

0 1 2 3 4 5 6 7 8 9 10
NO HAY DOLOR
DOLOR LEVE
DOLOR MODERADO
DOLOR SEVERO
DOLOR MUY SEVERO
EL PEOR DOLOR POSIBLE
Cómo te sientes?
FECHA:
Intención del día:
Diario de Gratitud
Hoy estoy agradecida por:
Una meta para mañana
extras
Nivel de felicidad: 1 2 3 4 5 6 7 8 9 10

Diario de Gratitud

Hoy estoy agradecida por:

0 1 2 3 4 5 6 7 8 9 10
NO HAY DOLOR
DOLOR LEVE
DOLOR MODERADO
DOLOR SEVERO
DOLOR MUY SEVERO
EL PEOR DOLOR POSIBLE
Cómo te sientes?
FECHA:
Intención del día:
Diario de Gratitud
Hoy estoy agradecida por:
Una meta para mañana
extras
Nivel de felicidad: 1 2 3 4 5 6 7 8 9 10

0 1 2 3 4 5 6 7 8 9 10

NO HAY DOLOR · DOLOR LEVE · DOLOR MODERADO · DOLOR SEVERO · DOLOR MUY SEVERO · EL PEOR DOLOR POSIBLE

FECHA:

Intención del día:

Diario de Gratitud

Hoy estoy agradecida por:

Una meta para mañana

extras

Nivel de felicidad: 1 2 3 4 5 6 7 8 9 10

0 1 2 3 4 5 6 7 8 9 10
NO HAY DOLOR
DOLOR LEVE
DOLOR MODERADO
DOLOR SEVERO
DOLOR MUY SEVERO
EL PEOR DOLOR POSIBLE
Cómo te sientes?
FECHA:
Intención del día:
Diario de Gratitud
Hoy estoy agradecida por:
Una meta para mañana
extras
Nivel de felicidad: 1 2 3 4 5 6 7 8 9 10

0 1 2 3 4 5 6 7 8 9 10
NO HAY DOLOR
DOLOR LEVE
DOLOR MODERADO
DOLOR SEVERO
DOLOR MUY SEVERO
EL PEOR DOLOR POSIBLE
Cómo te sientes?
FECHA:
Intención del día:
Diario de Gratitud
Hoy estoy agradecida por:
Una meta para mañana
extras
Nivel de felicidad: 1 2 3 4 5 6 7 8 9 10

Diario de Gratitud

Hoy estoy agradecida por:

Nivel de felicidad: 1 2 3 4 5 6 7 8 9 10

Diario de Gratitud

Hoy estoy agradecida por:

Nivel de felicidad: 1 2 3 4 5 6 7 8 9 10

0 1 2 3 4 5 6 7 8 9 10
NO HAY DOLOR
DOLOR LEVE
DOLOR MODERADO
DOLOR SEVERO
DOLOR MUY SEVERO
EL PEOR DOLOR POSIBLE
Cómo te sientes?
FECHA:
Intención del día:
Diario de Gratitud
Hoy estoy agradecida por:
Una meta para mañana
extras
Nivel de felicidad: 1 2 3 4 5 6 7 8 9 10